사각사각 펜으로 하는 기도

위안과 용기편

사각사각 펜으로 하는 기도

위안과 용기편

펴낸날 | 초판 1쇄 2015년 8월 3일

만들어 펴낸이 | 정우진 강진영 김지영
펴낸곳 | 도서출판 토닥
디자인 | 홍시 happyfish70@hanmail.net
등록 | 제22-243호(2000년 9월 18일)
주소 | 서울시 마포구 신수동 448-6 한국출판협동조합
편집부 | 02-3272-8863
영업부 | 02-3272-8865
팩스 | 02-717-7725
이메일 | bullsbook@hanmail.net

ISBN | 978-89-89370-98-7   13230

토닥
성경필사

위안과 용기편

사각사각
펜으로 하는
기도

토닥

일러두기

1 『성경전서 개역개정판(4판)』에서 뽑았습니다.

2 싣는 순서는 신약을 먼저 구약을 나중으로 하고,
  신약과 구약 안에서는 성경의 순서를 따랐습니다.

3 신자는 물론 비신자도 좋아하고 마음에 새길 만한 성경 구절을
  중심으로 편집부에서 임의로 골랐습니다.

4 성경 구절을 원문 그대로 싣는 것을 원칙으로 하되,
  맨 앞에 접속사가 있는 경우 생략한 곳도 있습니다.

머리말

　조선 후기의 실학자로 연암에 버금가는 문장가인 이덕무 선생은 "글이란 눈으로 보고 입으로 읽는 것보다 손으로 직접 한 번 써보는 것이 백배 낫다. 손이 움직이는 대로 반드시 마음이 따라오므로 스무 번을 읽고 외운다 해도 공들여 한 번 써보는 것만 못하다"고 했습니다.

　성경도 마찬가지입니다. 누구나 읽고 들어서 아는 성경 구절이지만, 정성 들여 쓰면 말로 표현할 수 없는 평안과 행복을 느낄 것입니다. 그리고 이전에 미처 몰랐던 말씀의 깊은 뜻을 깨달을 것입니다.

　성경 필사는 하나님 말씀을 마음에 새기는 행위이자, 펜으로 하는 기도입니다.

위로와 평안, 쓰고 기억하다

Write One

심령이 가난한 자는 복이 있나니
천국이 그들의 것임이요
애통하는 자는 복이 있나니
그들이 위로를 받을 것임이요
온유한 자는 복이 있나니
그들이 땅을 기업으로 받을 것임이요
의에 주리고 목마른 자는 복이 있나니
그들이 배부를 것임이요
긍휼히 여기는 자는 복이 있나니
그들이 긍휼히 여김을 받을 것임이요
마음이 청결한 자는 복이 있나니
그들이 하나님을 볼 것임이요
화평하게 하는 자는 복이 있나니
그들이 하나님의 아들이라 일컬음을 받을 것임이요
의를 위하여 박해를 받은 자는 복이 있나니
천국이 그들의 것임이라

마태복음 5:3~10

하늘에 계신 우리 아버지여
이름이 거룩히 여김을 받으시오며
나라가 임하시오며
뜻이 하늘에서 이루어진 것 같이 땅에서도 이루어지이다
오늘 우리에게 일용할 양식을 주시옵고
우리가 우리에게 죄 지은 자를 사하여 준 것 같이
우리 죄를 사하여 주시옵고
우리를 시험에 들게 하지 마시옵고
다만 악에서 구하시옵소서
나라와 권세와 영광이 아버지께 영원히 있사옵나이다
아멘

마태복음 6:9~13

그러므로 내일 일을 위하여 염려하지 말라
내일 일은 내일이 염려할 것이요
한 날의 괴로움은 그 날로 족하니라

마태복음   6:34

Therefore do not worry about tomorrow, for tomorrow will worry about itself.
Each day has enough trouble of its own.
Matthew 6:34

구하라 그리하면 너희에게 주실 것이요
찾으라 그리하면 찾아낼 것이요
문을 두드리라 그리하면 너희에게 열릴 것이니
구하는 이마다 받을 것이요
찾는 이는 찾아낼 것이요
두드리는 이에게는 열릴 것이니라

마태복음 7:7~8

004

우리가 환난 중에도 즐거워하나니
이는 환난은 인내를,
인내는 연단을,
연단은 소망을 이루는 줄 앎이로다

로마서 5:3~4

We also rejoice in our sufferings,
because we know that suffering produces perseverance;
perseverance, character; and character, hope.

Romans 5:3~4

우리가 알거니와 하나님을 사랑하는 자
곧 그의 뜻대로 부르심을 입은 자들에게는
모든 것이 합력하여 선을 이루느니라

And we know that in all things God works for the good of those who love him,
who have been called according to his purpose.
Romans 8:28

너희를 박해하는 자를 축복하라
축복하고 저주하지 말라
즐거워하는 자들과 함께 즐거워하고
우는 자들과 함께 울라
서로 마음을 같이하며
높은 데 마음을 두지 말고 도리어 낮은 데 처하며
스스로 지혜 있는 체 하지 말라
아무에게도 악을 악으로 갚지 말고
모든 사람 앞에서 선한 일을 도모하라
할 수 있거든 너희로서는 모든 사람과 더불어 화목하라

로마서 12:14~18

007

하나님께서 세상의 미련한 것들을 택하사
지혜 있는 자들을 부끄럽게 하려 하시고
세상의 약한 것들을 택하사
강한 것들을 부끄럽게 하려 하시며
하나님께서 세상의 천한 것들과
멸시 받는 것들과 없는 것들을 택하사
있는 것들을 폐하려 하시나니
이는 아무 육체도 하나님 앞에서
자랑하지 못하게 하려 하심이라

고린도전서 1:27~29

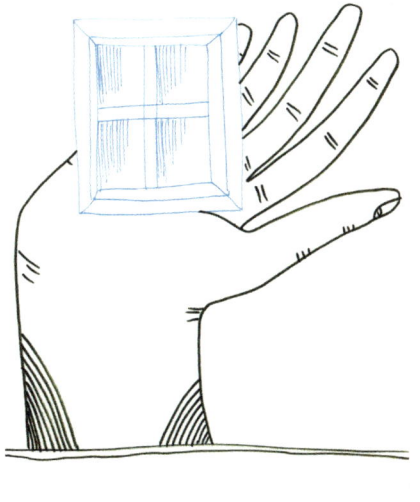

너희는 너희가 하나님의 성전인 것과
하나님의 성령이 너희 안에 계시는 것을 알지 못하느냐
누구든지 하나님의 성전을 더럽히면
하나님이 그 사람을 멸하시리라
하나님의 성전은 거룩하니 너희도 그러하니라

고린도전서 3:16~17

사람이 감당할 시험 밖에는 너희가 당한 것이 없나니
오직 하나님은 미쁘사
너희가 감당하지 못할 시험 당함을 허락하지 아니하시고
시험 당할 즈음에 또한 피할 길을 내사
너희로 능히 감당하게 하시느니라

고린도전서 10:13

010

우리의 모든 환난 중에서 우리를 위로하사
우리로 하여금 하나님께 받는 위로로써
모든 환난 중에 있는 자들을
능히 위로하게 하시는 이시로다
그리스도의 고난이 우리에게 넘친 것 같이
우리가 받는 위로도 그리스도로 말미암아 넘치는도다

고린도후서 1:4~5

011

마지막으로 말하노니
형제들아 기뻐하라
온전하게 되며 위로를 받으며
마음을 같이하며 평안할지어다
또 사랑과 평강의 하나님이
너희와 함께 계시리라

고린도후서 13:11

Finally, brothers, good-by. Aim for perfection, listen to my appeal,
be of one mind, live in peace. And the God of love and peace will be with you.
2Corinthians 13:11

주 안에서 항상 기뻐하라
내가 다시 말하노니 기뻐하라

빌립보서 4:4

Rejoice in the Lord always. I will say it again: Rejoice!
Philippians 4:4

DELIGHT

아무 것도 염려하지 말고
다만 모든 일에 기도와 간구로,
너희 구할 것을 감사함으로
하나님께 아뢰라
그리하면 모든 지각에 뛰어난
하나님의 평강이
그리스도 예수 안에서
너희 마음과 생각을 지키시리라

빌립보서 4:6~7

014

너희는 내게 배우고
받고 듣고 본 바를 행하라
그리하면 평강의 하나님이
너희와 함께 계시리라

빌립보서 4:9

Whatever you have learned or received or heard from me,
or seen in me—put it into practice.
And the God of peace will be with you.
Philippians 4:9

Peace

항상 기뻐하라
쉬지 말고 기도하라
범사에 감사하라
이것이 그리스도 예수 안에서
너희를 향하신
하나님의 뜻이니라

데살로니가전서 5:16~18

Be joyful always;
pray continually;
give thanks in all circumstances,
for this is God's will for you in Christ Jesus.
1Thessalonians 5:16~18

016

평강의 주께서 친히 때마다 일마다
너희에게 평강을 주시고
주께서 너희 모든 사람과
함께 하시기를 원하노라

데살로니가후서 3:16

Now may the Lord of peace himself
give you peace at all times and in every way.
The Lord be with all of you.
2Thessalonians 3:16

017

우리가 세상에 아무 것도 가지고 온 것이 없으매
또한 아무 것도 가지고 가지 못하리니
우리가 먹을 것과 입을 것이 있은즉
족한 줄로 알 것이니라

디모데전서 6:7~8

For we brought nothing into the world, and we can take nothing out of it.
But if we have food and clothing, we will be content with that.
1Timothy 6:7~8

내가 여호와를 항상 내 앞에 모심이여
그가 나의 오른쪽에 계시므로
내가 흔들리지 아니하리로다
이러므로 나의 마음이 기쁘고
나의 영도 즐거워하며 내 육체도 안전히 살리니
이는 주께서 내 영혼을 스올에 버리지 아니하시며
주의 거룩한 자를 멸망시키지 않으실 것임이니이다
주께서 생명의 길을 내게 보이시리니
주의 앞에는 충만한 기쁨이 있고
주의 오른쪽에는 영원한 즐거움이 있나이다

시편 16:8~11

019

나를 눈동자 같이 지키시고
주의 날개 그늘 아래에 감추사
내 앞에서 나를 압제하는 악인들과
나의 목숨을 노리는 원수들에게서
벗어나게 하소서

시편 17:8~9

Keep me as the apple of your eye; hide me in the shadow of your wings
from the wicked who assail me, from my mortal enemies who surround me.
Psalms 17:8~9

여호와는 나의 목자시니

내게 부족함이 없으리로다

그가 나를 푸른 풀밭에 누이시며

쉴 만한 물 가로 인도하시는도다

내 영혼을 소생시키시고

자기 이름을 위하여 의의 길로 인도하시는도다

내가 사망의 음침한 골짜기로 다닐지라도

해를 두려워하지 않을 것은

주께서 나와 함께 하심이라

주의 지팡이와 막대기가 나를 안위하시나이다

시편 23:1~4

여호와는 나의 힘과
나의 방패이시니
내 마음이 그를 의지하여
도움을 얻었도다
그러므로 내 마음이 크게 기뻐하며
내 노래로 그를 찬송하리로다

시편 28:7

The LORD is my strength and my shield; my heart trusts in him, and I am helped.
My heart leaps for joy and I will give thanks to him in song.
Psalms 28:7

여호와는 마음이 상한 자를
가까이 하시고
중심으로 통회하는 자를
구원하시는도다
의인은 고난이 많으나
여호와께서 그 모든 고난에서
건지시는도다

시편 34:18~19

The LORD is close to the brokenhearted and saves those who are crushed in spirit.
A righteous man may have many troubles, but the LORD delivers him from them all;
Psalms 34:18~19

여호와를 기뻐하라

그가 네 마음의 소원을 네게 이루어 주시리로다

네 길을 여호와께 맡기라

그를 의지하면 그가 이루시고

네 의를 빛 같이 나타내시며

네 공의를 정오의 빛 같이 하시리로다

시편 37:4~6

내 영혼아 네가 어찌하여 낙심하며
어찌하여 내 속에서 불안해 하는가
너는 하나님께 소망을 두라
나는 그가 나타나 도우심으로 말미암아
내 하나님을 여전히 찬송하리로다

시편 42:11

Why are you downcast, O my soul?
Why so disturbed within me?
Put your hope in God,
for I will yet praise him, my Savior and my God.

Psalms 42:11

이 하나님은 영원히 우리 하나님이시니
그가 우리를 죽을때까지 인도하시리로다

시편 48:14

For this God is our God for ever and ever; he will be our guide even to the end.
Psalms 48:14

환난 날에 나를 부르라
내가 너를 건지리니
네가 나를 영화롭게 하리로다

시편 50:15

and call upon me in the day of trouble; I will deliver you, and you will honor me.
Psalms 50:15

그가 모태에서 벌거벗고 나왔은즉
그가 나온 대로 돌아가고
수고하여 얻은 것을
아무 것도 자기 손에 가지고 가지 못하리니
이것도 큰 불행이라
어떻게 왔든지 그대로 가리니
바람을 잡는 수고가 그에게 무엇이 유익하랴

전도서 5:15~16

용기와 희망, 쓰고 새기다

Write Two

그런즉
너희는 먼저 그의 나라와
그의 의를 구하라
그리하면 이 모든 것을
너희에게 더하시리라

마태복음 6:33

But seek first his kingdom and his righteousness,
and all these things will be given to you as well.
Matthew 6:33

수고하고 무거운 짐 진 자들아

다 내게로 오라 내가 너희를 쉬게 하리라

나는 마음이 온유하고 겸손하니

나의 멍에를 메고 내게 배우라

그리하면 너희 마음이 쉼을 얻으리니

이는 내 멍에는 쉽고 내 짐은 가벼움이라 하시니라

마태복음 11:28~30

내가 또 너희에게 이르노니
구하라 그러면 너희에게 주실 것이요
찾으라 그러면 찾아낼 것이요
문을 두드리라 그러면 너희에게 열릴 것이니
구하는 이마다 받을 것이요
찾는 이는 찾아낼 것이요
두드리는 이에게는 열릴 것이니라

누가복음 11:9~10

031

너희는 무엇을 먹을까 무엇을 마실까 하여
구하지 말며 근심하지도 말라
이 모든 것은 세상 백성들이 구하는 것이라
너희 아버지께서는
이런 것이 너희에게 있어야 할 것을 아시느니라

누가복음 12:29~30

And do not set your heart on what you will eat or drink; do not worry about it.
For the pagan world runs after all such things, and your Father knows that you need them.
Luke 12:29~30

나는 빛으로 세상에 왔나니
무릇 나를 믿는 자로
어둠에 거하지 않게 하려 함이로라
사람이 내 말을 듣고 지키지 아니할지라도
내가 그를 심판하지 아니하노라
내가 온 것은 세상을 심판하려 함이 아니요
세상을 구원하려 함이로라

요한복음 12:46~47

평안을 너희에게 끼치노니
곧 나의 평안을 너희에게 주노라
내가 너희에게 주는 것은
세상이 주는 것과 같지 아니하니라
너희는 마음에 근심하지도 말고 두려워하지도 말라

요한복음 14:27

Peace I leave with you; my peace I give you.
I do not give to you as the world gives.
Do not let your hearts be troubled and do not be afraid.

John 14:27

이것을 너희에게 이르는 것은
너희로 내 안에서 평안을 누리게 하려 함이라
세상에서는 너희가 환난을 당하나 담대하라
내가 세상을 이기었노라

요한복음 16:33

I have told you these things, so that in me you may have peace.
In this world you will have trouble. But take heart! I have overcome the world.
John 16:33

너희는 모든 악독과 노함과 분냄과
떠드는 것과 비방하는 것을 모든 악의와 함께 버리고
서로 친절하게 하며 불쌍히 여기며 서로 용서하기를
하나님이 그리스도 안에서 너희를 용서하심과 같이 하라

에베소서 4:31~32

Get rid of all bitterness, rage and anger, brawling and slander, along with every form of malice.
Be kind and compassionate to one another, forgiving each other, just as in Christ God forgave you.
Ephesians 4:31~32

그러므로 우리가 담대히 말하되
주는 나를 돕는 이시니
내가 무서워하지 아니하겠노라
사람이 내게 어찌하리요 하노라

히브리서 13:6

So we say with confidence, "The Lord is my helper;
I will not be afraid. What can man do to me?"
Hebrews 13:6

037

너희 중에 누구든지 지혜가 부족하거든
모든 사람에게 후히 주시고
꾸짖지 아니하시는 하나님께 구하라
그리하면 주시리라

야고보서 1:5

If any of you lacks wisdom, he should ask God,
who gives generously to all without finding fault, and it will be given to him.

James 1:5

시험을 참는 자는 복이 있나니
이는 시련을 견디어 낸 자가
주께서 자기를 사랑하는 자들에게 약속하신
생명의 면류관을 얻을 것이기 때문이라

야고보서 1:12

Blessed is the man who perseveres under trial, because when he has stood the test,
he will receive the crown of life that God has promised to those who love him.
James 1:12

믿음의 기도는 병든 자를 구원하리니
주께서 그를 일으키시리라
혹시 죄를 범하였을지라도
사하심을 받으리라

야고보서 5:15

And the prayer offered in faith will make the sick person well;
the Lord will raise him up. If he has sinned, he will be forgiven.
James 5:15

040

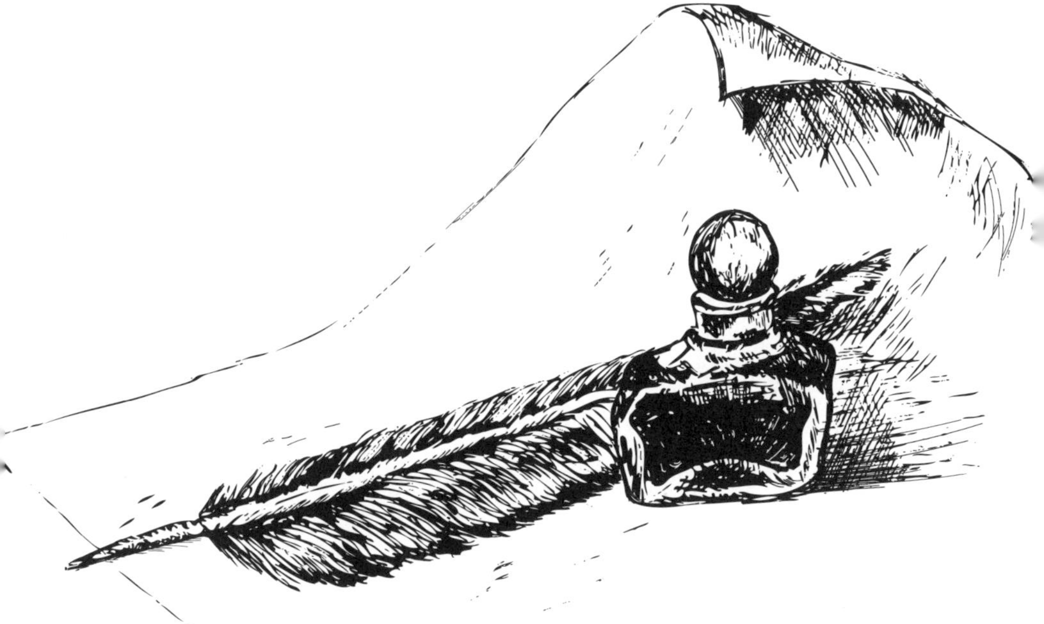

사랑하는 자여
네 영혼이 잘됨 같이
네가 범사에 잘되고 강건하기를
내가 간구하노라

요한삼서 1:2

Dear friend, I pray that you may enjoy good health and that all may go well with you,
even as your soul is getting along well.
3John 1:2

041

두려워하지 말라
나는 네 방패요
너의 지극히 큰 상급이니라

창세기 15:1

Do not be afraid.
I am your shield, your very great reward.
Genesis 15:1

너희는 강하고 담대하라
두려워하지 말라
그들 앞에서 떨지 말라
이는 네 하나님 여호와 그가 너와 함께 가시며
결코 너를 떠나지 아니하시며
버리지 아니하실 것임이라

신명기 31:6

043

내가 네게 명령한 것이 아니냐
강하고 담대하라
두려워하지 말며 놀라지 말라
네가 어디로 가든지
네 하나님 여호와가 너와 함께 하느니라 하시니라

여호수아 1:9

Have I not commanded you? Be strong and courageous.
Do not be terrified; do not be discouraged,
for the LORD your God will be with you wherever you go.
Joshua 1:9

044

COURAGE

네 시작은 미약하였으나
네 나중은 심히 창대하리라

욥기 8:7

Your beginnings will seem humble, so prosperous will your future be.
Job 8:7

네 짐을 여호와께 맡기라
그가 너를 붙드시고
의인의 요동함을
영원히 허락하지 아니하시리로다

시편 55:22

Cast your cares on the LORD and he will sustain you;
he will never let the righteous fall.
Psalms 55:22

046

나의 영혼이
잠잠히 하나님만 바람이여
나의 구원이
그에게서 나오는도다

시편 62:1

My soul finds rest in God alone; my salvation comes from him.
Psalms 62:1

여호와는 너를 지키시는 이시라
여호와께서 네 오른쪽에서 네 그늘이 되시나니
낮의 해가 너를 상하게 하지 아니하며
밤의 달도 너를 해치지 아니하리로다
여호와께서 너를 지켜 모든 환난을 면하게 하시며
또 네 영혼을 지키시리로다

시편 121:5~7

048

눈물을 흘리며 씨를 뿌리는 자는
기쁨으로 거두리로다
울며 씨를 뿌리러 나가는 자는
반드시 기쁨으로
그 곡식 단을 가지고 돌아오리로다

시편 126:5~6

Those who sow in tears will reap with songs of joy.
He who goes out weeping, carrying seed to sow,
will return with songs of joy, carrying sheaves with him.

Psalms 126:5~6

049

여호와여 주께서 나를 살펴 보셨으므로 나를 아시나이다

주께서 내가 앉고 일어섬을 아시고

멀리서도 나의 생각을 밝히 아시오며

나의 모든 길과 내가 눕는 것을 살펴 보셨으므로

나의 모든 행위를 익히 아시오니

여호와여 내 혀의 말을 알지 못하시는 것이 하나도 없으시니이다

시편 139:1~4

O LORD, you have searched me and you know me.
You know when I sit and when I rise; you perceive my thoughts from afar.
You discern my going out and my lying down; you are familiar with all my ways.
Before a word is on my tongue you know it completely, O LORD.

Psalms 139:1~4

050

여호와께서는 자기에게 간구하는 모든 자
곧 진실하게 간구하는 모든 자에게
가까이 하시는도다

시편 145:18

The LORD is near to all who call on him,
to all who call on him in truth.
Psalms 145:18

너의 행사를 여호와께 맡기라
그리하면 네가 경영하는 것이
이루어지리라

잠언 16:3

Commit to the LORD whatever you do,
and your plans will succeed.

마음의 즐거움은 양약이라도
심령의 근심은 뼈를 마르게 하느니라

잠언 17:22

A cheerful heart is good medicine, but a crushed spirit dries up the bones.
Proverbs 17:22

정직한 자를
악한 길로 유인하는 자는
스스로 자기 함정에 빠져도
성실한 자는 복을 받느니라

잠언 28:10

He who leads the upright along an evil path will fall into his own trap,
but the blameless will receive a good inheritance.
Proverbs 28:10

은을 사랑하는 자는
은으로 만족하지 못하고
풍요를 사랑하는 자는
소득으로 만족하지 아니하나니
이것도 헛되도다

전도서 5:10

Whoever loves money never has money enough;
whoever loves wealth is never satisfied with his income. This too is meaningless.
Ecclesiastes 5:10

055

피곤한 자에게는 능력을 주시며
무능한 자에게는 힘을 더하시나니
소년이라도 피곤하며 곤비하며
장정이라도 넘어지며 쓰러지되
오직 여호와를 앙망하는 자는 새 힘을 얻으리니
독수리가 날개치며 올라감 같을 것이요
달음박질하여도 곤비하지 아니하겠고
걸어가도 피곤하지 아니하리로다

이사야 40:29~31

두려워하지 말라 내가 너와 함께 함이라
놀라지 말라 나는 네 하나님이 됨이라
내가 너를 굳세게 하리라
참으로 너를 도와 주리라
참으로 나의 의로운 오른손으로 너를 붙들리라

이사야 41:10

So do not fear, for I am with you; do not be dismayed,
for I am your God. I will strengthen you and help you;
I will uphold you with my righteous right hand.

Isaiah 41:10

057

하늘이여 노래하라
땅이여 기뻐하라
산들이여 즐거이 노래하라
여호와께서 그의 백성을 위로하셨은즉
그의 고난 당한 자를 긍휼히 여기실 것임이라

이사야 49:13

Shout for joy, O heavens; rejoice, O earth; burst into song,
O mountains! For the LORD comforts his people and will have compassion on his afflicted ones.
Isaiah 49:13

너희가 내게 부르짖으며 내게 와서 기도하면
내가 너희들의 기도를 들을 것이요
너희가 온 마음으로 나를 구하면
나를 찾을 것이요 나를 만나리라

예레미야 29:12~13

Then you will call upon me and come and pray to me, and I will listen to you.
You will seek me and find me when you seek me with all your heart.
Jeremiah 29:12~13

너의 하나님 여호와가 너의 가운데에 계시니
그는 구원을 베푸실 전능자이시라
그가 너로 말미암아 기쁨을 이기지 못하시며
너를 잠잠히 사랑하시며
너로 말미암아 즐거이 부르며 기뻐하시리라 하리라

스바냐 3:17

The LORD your God is with you, he is mighty to save.
He will take great delight in you, he will quiet you with his love,
he will rejoice over you with singing.

Zephaniah 3:17

좋아하는
성경 구절을
써보세요!